AF498189

DÉPOT LÉGAL
RHÔNE
1923

8° V
43847

FÉDÉRATION DE LA SOIE

21, rue d'Alsace-Lorraine, LYON

PREMIERS DOCUMENTS

SOMMAIRE

I. — Note remise à M. le Président du Conseil et au Bureau directeur du Groupe interparlementaire de la Soie et des Industries annexes.

II. — Texte des vœux présentés.

III. — Liste des adhésions actuellement acquises au Groupe interparlementaire de la Soie et des Industries annexes.

IV. — Texte des Statuts de la Fédération.

V. — Liste des Groupements adhérents.

VI. — Procès-verbal de l'Assemblée générale tenue à Valence (Drôme), le 7 juillet 1923.

Juillet 1923.

I. — LA FÉDÉRATION DE LA SOIE

**Sa composition. — Son territoire. — Son objet.
Ses facultés de production et d'exportation.
Ses premiers desiderata.**

NOTE

REMISE

*à M. Poincaré, président du Conseil des Ministres,
et au Bureau Directeur du Groupe Interparlementaire de la Soie
et des Industries annexes.*

COMPOSITION. — TERRITOIRE. — OBJET

La Fédération de la Soie est une concentration *verticale* de tous les Syndicats dont les membres sont intéressés à la production ou à la vente du cocon, du fil ou de l'étoffe de soie et qui sont ainsi placés, les uns vis-à-vis des autres, dans un état d'interdépendance économique.

Elle comprend donc :

Une branche agricole groupant le grainage et la sériciculture ;

Une branche industrielle groupant la filature, le moulinage, le tissage et toutes les industries annexes qui concourent à la création ou à la fabrication des tissus (dessinateurs, liseurs de dessins, monteurs de métiers), la teinture, l'apprêt, l'impression et l'ornementation des tissus ;

Une branche commerciale groupant le commerce des cocons, le commerce des soies et bourres de soie, et le commerce des tissus de soie.

Les Unions, Offices ou Syndicats qui, *horizontalement*, gèrent les intérêts soyeux ont répondu à peu près unanimement au premier appel qui leur a été adressé et ont donné leur adhésion à la Fédération qui assemble aujourd'hui 39 Unions, Associations ou Syndicats. *(Voir liste annexée.)*

Ces divers Syndicats ont leurs intérêts répartis sur les départements suivants :

Ain, Saône-et-Loire, Haute-Savoie, Isère, Savoie, Hautes-Alpes, Basses-Alpes, Alpes-Maritimes, Var, Bouches-du-Rhône, Hérault, Gard, Lozère, Vaucluse, Drôme, Ardèche, Haute-Loire, Loire, Rhône et enfin Seine, où Paris est le centre le plus important du commerce des tissus.

Le Fédération se propose de confronter les intérêts parfois divergents des Syndicats adhérents, de concilier ces intérêts et d'en dégager ce qu'il y a de commun pour servir ensuite cette communauté d'intérêts par des actes appropriés.

Elle a la conviction que cet effort de conciliation et d'entente sera apprécié par le Gouvernement et par le Parlement, dont elle se propose de solliciter le concours.

FACULTÉS DE PRODUCTION ET D'EXPORTATION

Production et mouvement général des affaires
(Année 1922).

1° Sériciculture :

	Poids en kilos	Valeur en francs
Grainage :		
Importation	139	35.000
Exportation	14.000	10.719.000
Récolte des cocons. .	2.571.821	36.968.262
	(à 15 francs environ)	

2° Industries de la soie :

	Poids en kilos	Valeur en francs
Filature :		
Soies françaises	198.000	9.900.000
	(à 50 fr. façon)	
Soies étrangères. . . .	46.000	230.000
Moulinage	1.500.000	22.500.000
	(à 15 fr. façon)	
Peignage, cardage et filature de la schappe. .	2.240.000	90.000.000
A reporter.		170.352.262

	Poids en kilos	Valeur en francs
Report		170.352.262
Tissus de soie :		
Soieries de Lyon.		2.253.000.000
Rubans de Saint-Etienne		312.719.000

3° *Commerce des cocons et des soies* (le commerce des tissus est compris dans la production de l'étoffe).

	Poids en kilos	Valeur en francs
Cocons :		
Importation	491.900	18.879.000
Exportations	31.300	1.420.000
Soies :		
Importations grèges. . .	5.657.200	1.142.922.000
— ouvrées . .	134.300	29.178.000
Bourres de soie	8.210.700	136.978.000
Exportations grèges . .	350.600	54.990.000
— ouvrées . .	741.400	135.212.000
Bourres de soie	1.614.000	72.780.000
TOTAL		4.328.430.262

Soit un mouvement général d'affaires de 4.500.000.000 fr. en chiffres ronds, sur lesquels 1 milliard et demi de francs environ est distribué sous forme de salaire à 350.000 ouvriers et employés des deux sexes.

Exportations (Année 1922).

	Valeur en francs
Les exportations se décomposent ainsi :	
Grainage	10.700.000
Cocons	1.420.000
Soies grèges et ouvrées	262.982.000
Soieries de Lyon	1.500.000.000
Rubans de Saint-Etienne	200.000.000
TOTAL.	1.975.102.000

Soit 2 milliards de francs en chiffres ronds qui représentent environ 1/10ᵉ de toutes les exportations françaises.

PREMIERS DESIDERATA

Les desiderata de la Fédération portent sur deux points essentiels :

a) Développement de la sériciculture en France et dans les colonies françaises ;

b) Stabilité des relations commerciales extérieures.

Sériciculture [1].

La sériciculture était **autrefois** une branche importante de la production agricole française.

Elle dépassait en importance de production les besoins de la consommation industrielle française.

Le point culminant de cette production a été atteint en 1853, où l'élevage du ver à soie était pratiqué dans soixante-quatre départements français qui produisaient 26.000.000 kilos de cocons, soit 2.600.000 kilos de soie au rendement de 1 kilo de soie pour 10 kilos de cocons.

Depuis cette époque, la sériciculture française est allée en déclinant sans cesse pour des causes diverses et successives dont les principales sont : maladie du ver à soie, qui a entraîné progressivement la diminution du nombre des graineurs et des éducateurs ; rareté et cherté de la main-d'œuvre ; production *insuffisamment rémunératrice;* concurrence faite par la culture de la vigne ; ignorance des petits éducateurs, etc.

Aujourd'hui la production séricicole est descendue (année 1922) à 2.571.621 kilos de cocons qui ont produit 198.000 kilos de soie.

Parallèlement à ce déclin, la consommation industrielle de la soie naturelle grandissait en France :

[1] Renseignements extraits des ouvrages de **MM.** Mozziconacci, directeur de la Station séricicole d'Alais, et F. Lambert, directeur de la Station séricicole de Montpellier.

De 2.092.000 kilos, chiffre de 1885, cette consommation est passée à 5.307.000 kilos en 1922.

La déduction qu'on peut tirer en comparant ce déclin et cette prospérité est que la production séricicole a fléchi à l'époque où le développement de la consommation industrielle l'aurait rendue rémunératrice par le simple jeu de l'offre et de la demande.

Quoi qu'il en soit, cette situation nous a fait tributaires de l'étranger pour une matière première dont la valeur intrinsèque est considérable et dont la qualité est primordiale pour la production de l'étoffe.

Si la production séricicole avait été, en 1922, ce qu'elle était en 1853, elle aurait engendré les résultats ci-après :

26.000.000 de kilos de cocons vendus au prix moyen de 15 francs . . . . fr. 390.000.000

2.500.000 kilos de soie filée au prix industriel de 50 francs. 125.000.000

fr. 515.000.000

qui seraient répartis entre les agriculteurs producteurs et les industriels filateurs et ne seraient pas sortis de France.

Au lieu de cela, nous avons acheté pour notre production industrielle 5.000.000 de kilos de soie au prix moyen de 200 francs, ce qui représente un débours de 1 milliard de francs, lequel a surchargé lourdement notre balance commerciale et alourdi notre devise.

Ce grave inconvénient est aujourd'hui doublé d'un autre qui s'avère plus grave encore.

Quand la production française tenait une place plus large dans la production mondiale de la soie, elle influençait celle-ci en qualité. Or, cette influence a disparu et nous avons le regret de constater un fléchissement sérieux dans la qualité du fil asiatique, qui est aujourd'hui notre principal aliment. Ce fléchissement a eu sa répercussion sur la qualité du tissu, ce qui menace de porter atteinte à la renommée de la production française des tissus de soie, renommée jusqu'à ce jour sans rivale.

Nous serions donc impardonnables de ne pas faire l'effort nécessaire pour nous affranchir de la tutelle étrangère. Nous le serions d'autant plus qu'on peut affirmer que la France, l'Indochine, l'Algérie, la Tunisie et le Maroc réunis pourraient produire toute la soie dont nous avons besoin.

La Fédération de la Soie est disposée à promouvoir et à seconder cet effort, mais il lui faut pour cela le concours des Pouvoirs publics. Elle dit, dans une note annexée, comment ce concours **peut lui** être donné.

Stabilité **des relations commerciales extérieures.**

Les tissus de soie produits en France sont, pour les deux tiers, exportés.

C'est dire que la sécurité et le développement de cette production sont subordonnés à la politique contractuelle de la France avec l'étranger.

Or, la guerre nous a placés, à cet égard, dans une situation difficile, pleine d'imprévus dangereux.

Le marché de la soie s'est transporté à New-York, centre de spéculation intensive, et les prix de la soie ont passé de 160 francs en mars 1922, à 340 fin décembre de la même année, rendant ainsi très périlleux les achats en prévision.

D'autre part, depuis la rude crise de 1920, les consommateurs français et étrangers restreignent leurs engagements à terme et veulent être servis sur demande ; il faut donc que le producteur ou le commerçant français prenne toute la responsabilité d'engager une production qui exige une moyenne de cinq mois pour être exécutée et absorbe des capitaux énormes.

Aussi, tous les événements politiques ou économiques qui influencent les marchés extérieurs ont-ils une répercussion immédiate et souvent fâcheuse sur nos industries et nos commerces, et appelons-nous l'attention du Gouvernement sur la nécessité de négocier des traités de commerce à durée plus longue que ceux qui ont été conclus dernièrement, et sur la nécessité non moins impérieuse de ne pas rompre ces traités, à moins de raisons absolument majeures.

A l'heure actuelle, nos industries voient avec peine :

Que le *marché italien* leur est pratiquement fermé (les tissus français payant des droits quatre à cinq fois plus élevés pour entrer en Italie, que des tissus italiens identiques n'en payent pour entrer en France) ;

Que le *marché portugais* est à nouveau momentanément fermé ;

Que le *marché espagnol*, où nous avions cependant pris depuis 1916 la place de tous nos concurrents étrangers, suspend ses livraisons et ses ordres dans l'incertitude du renouvellement de l'accord qui lie les deux pays ;

Que le retard apporté à la ratification de la Convention franco-canadienne a provoqué des suspensions et des annulations d'ordres, du fait que le Canada vient d'élever son tarif de 2 1/2 à 5 % de droits qui nous sont momentanément appliqués pendant que la Convention prévoyait un abaissement de 2 1/2 à 7 % sur l'ancien tarif, soit une différence de 5 à 10 % qui arrête toutes les affaires. Or, dans le domaine extérieur, toute affaire reportée est une affaire manquée.

Sur ce point encore, nous exprimons, par une note annexée, un vœu formulé en parfait accord par les producteurs agricoles, industriels ou commerciaux.

II. — RÉSUMÉ DES DESIDERATA

FORMULÉS PAR LA FÉDÉRATION DE LA SOIE

1° EN FAVEUR DU RELÈVEMENT DE LA SÉRICICULTURE

La France a consacré, en 1922, plus d'un milliard de francs pour acheter à l'étranger la soie naturelle nécessaire à sa consommation industrielle.

Si la production séricicole française avait été, comme en 1853, de 2.500.000 kilos, plus de 500 millions de francs seraient restés chez elle, améliorant ainsi sa devise et sa balance commerciale.

Si, d'autre part, l'Indochine française, l'Algérie, la Tunisie et le Maroc avaient été aménagés pour la production séricicole, leur apport eût été suffisant pour assurer la totalité de la consommation de la France.

En conséquence, il est d'intérêt public que tous les efforts soient faits pour rétablir en France et pour développer dans certaines colonies françaises le maximum de production séricicole.

A cet effet, la Fédération de la Soie demande :

1° Que les stations séricicoles d'Alais, de Draguignan et de Montpellier soient dotées d'un personnel technique et de crédits suffisants pour devenir des foyers de propagande et de renseignements, foyers capables d'éclairer les agriculteurs sur les moyens modernes de culture du mûrier, et les éducateurs de tous ordres sur les meilleures conditions d'élevage du ver à soie;

2° Qu'une nouvelle station soit créée dans le département de la Drôme, suivant les indications fournies par le Comité national pour le relèvement de la sériciculture;

3° Que des plantations-types de mûriers soient faites, aux frais de l'Etat, sur proposition du Comité national, et que des mesures sérieuses soient prises pour arrêter la destruction des mûriers ;

4° Que des instructions soient données aux Préfets et aux Instituteurs publics dans tous les départements où se cultivait autrefois le mûrier, pour attirer l'attention des agriculteurs et de leurs enfants sur l'intérêt national que présente la production séricicole et sur la valeur pratique de cette production ;

5° Qu'une Commission officielle, composée de membres du groupe interparlementaire de la Soie, de fonctionnaires, et de représentants de la Fédération de la Soie, soit constituée par le Ministre des Colonies et chargée par lui de préparer un programme d'extension de la sériciculture en Algérie et dans les colonies ou protectorats français;

6° Que le Gouvernement fasse sien ce programme dans la mesure où le concours des Pouvoirs publics sera jugé nécessaire pour sa réalisation.

2° EN FAVEUR DE NOS RELATIONS COMMERCIALES EXTÉRIEURES

Pour que de fâcheuses et stériles oppositions d'intérêts ne divisent plus les producteurs français, la Fédération de la Soie demande :

a) Qu'un Comité consultatif économique soit institué par le Gouvernement, afin de documenter celui-ci, de façon permanente et contradictoire, sur les besoins de protection de la production française, et de lui permettre de prendre ses décisions ou d'exercer son arbitrage en connaissance de cause;

b) Que soient appelés à faire partie de ce Comité : des fonctionnaires du Ministère des Affaires étrangères, du Ministère du Commerce, du Ministère de l'Agriculture, du Ministère des Colonies et des représentants des grandes branches de la production française désignées par les Ministères compétents sur proposition des groupements professionnels qualifiés.

Pour faciliter nos échanges commerciaux avec les pays étrangers qui sont en état de paix réelle avec la France, et pour donner à ces échanges la stabilité qu'exigent les affaires commerciales et surtout la production industrielle, la Fédération de la Soie demande :

a) Que les conventions commerciales soient conclues pour une durée minimum de deux ans ;

b) Que leur ratification soit soumise au Parlement en toute diligence quand ces conventions sont arrêtées par les Gouvernements contractants ;

c) Que dans le cas où il serait reconnu que les intérêts de quelque branche de la production française auraient été lésés par ces accords, des négociations soient ouvertes en temps voulu pour éviter, autant que faire se pourra, des ruptures toujours dangereuses pour l'ensemble des intérêts de la production ;

d) Que l'accord franco-italien sur les soies et soieries soit réalisé sans plus de retard, afin de faire disparaître l'inégalité excessive des tarifs douaniers qui place les producteurs français de tissus de soie dans une situation d'infériorité manifeste par rapport à leurs concurrents italiens, et pour rétablir entre les deux pays une cordialité sincère sur le terrain économique;

e) Que leGouvernement s'efforce d'assurer le maintien de l'accord franco-espagnol tout en négociant une modification de droits en faveur de la viticulture française ;

f) Que des mesures immédiates soient prises pour diminuer les prix de transport des vins ainsi que les charges de toute nature qui pèsent sur la viticulture, afin de faciliter la consommation française des vins.

III. — GROUPE INTERPARLEMENTAIRE DE LA SOIE ET DES INDUSTRIES ANNEXES

LISTE DES ADHÉSIONS ACTUELLEMENT ACQUISES

SÉNAT

MM. Coignet (Rhône).
Ruffier (Rhône).
Bussy, E. (Rhône).
Gourju (Rhône).
Dujuaire, P. (Rhône).
Fernand-David (Haute-Savoie).
Rajon, Claude (Isère).
Vallier, J. (Isère).
Rivet (Isère).
Perier (Isère).
Dupuy, Charles (Haute-Loire).
Noel, E. (Oise).
Gaebele (Indes françaises).
Scheurer, Jules (Haut-Rhin).
Messimy (Ain).
Chalamet (Ardèche).
Doumer (Corse).
Chabert, Charles (Drôme).

MM. Perdrix (Drôme).
Billiet (Seine).
Lévy, Georges-Raph. (Seine).
Deloncle (Seine).
Merlin, Fernand (Loire).
Soulié, Louis (Loire).
Morel (Loire).
Fourment, Gustave (Var).
Martin, Louis (Var).
Bergeon (Bouches-du-Rhône).
Mollard, M. (Savoie).
Millaud (Savoie).
Grosdidier (Meuse).
Besnard, René (Indre-et-Loire).
Gentil (Deux-Sèvres).
Honnorat (Basses-Alpes).

CHAMBRE DES DÉPUTÉS

AIN (6 députés).

MM. Mermod.
De Monicault.
Bernier, J.
Blanc, Antoine.

AISNE

MM. Hauet.
Forzy.
Rillard de Verneuil.

BASSES-ALPES (4 députés).

MM. Andrieux, L.
Baron, Ch.

HAUTES-ALPES (3 députés).

M. Planche.

ALPES-MARITIMES

MM. Baréty, Léon.
Grinda.

ARDÈCHE (5 députés).

MM. Vallette-Viallard.
Antériou.
Vallat.
De Gailhard-Bancel.
Duclaux-Monteil.

ARDENNES

M. Gallois, Henri.

AVEYRON

M. Molinié, Jean.

CHARENTE

M. Poitou-Duplessy.

CHARENTE-INFÉRIEURE

M. Le Provost de Launay.

DROME (4 députés).

MM. Escoffier, A.
Pouzin.

GARD (6 députés).

MM. Mourier.
De Seynes.
De Ramel.
Magne.
Joly.

HÉRAULT

MM. Guibal.
De Rodez-Bénavent.

ISÈRE (8 députés).

MM. Rocher.
Dugueyt.
Gourin.
Blanchet.

JURA

M. Bouvet.

LOIRE (8 députés).

MM. Gilbert, Laurent.
Dupin.
Taurines.
Durafour.
Neyret.
Robert, P.

HAUTE-LOIRE (4 députés).

MM. Antier.
Néron.
Constant, Victor.

MARNE

M. Haudos.

MORBIHAN

MM. Maulion.
Sévène.

BAS-RHIN

M. Simonin.

RHONE (12 députés).

MM. Isaac.
Bonnevay.
Fleury-Ravarin.
Regaud.
Herriot.
Rognon.
Godart.
Moutet.
Gourd.
Lenail.
Pays.

**SAONE-ET-LOIRE
(8 députés).**

MM. Tisseyre.
Faisant.
Cordelle.
Jeannin.

SAVOIE (5 députés).

MM. Léger.
Delachenal.
Richard.
Borrel.

HAUTE-SAVOIE (5 députés).

MM. Bartholoni.
Tapponier.
Crolard.

SEINE

MM. Escudier.
Erlich.
Le Corbeiller.
Dubois, L.

TARN

M. De Belcastel.

VAR (4 députés).

MM. Aiguier.
Denise.

VAUCLUSE (4 députés).

M. Méritan.

**BOUCHES-DU-RHONE
(9 députés).**

M. Artaud.

EURE

M. Le Mire.

SOMME

M. Des Lyons de Feuchin.

COMPOSITION DU BUREAU DIRECTEUR

Président . . . . MM. Coignet (J.), sénateur du Rhône.

Vice-Présidents . . Martin (L.), Morel (J.), Rivet (Gustave), sénateurs; Aiguier, Herriot, Isaac, Néron (E.), Vallette-Viallard, députés.

Secrétaire Général. . . Regaud (F.), député.

IV. — FÉDÉRATION DE LA SOIE

STATUTS

(Approuvés par l'Assemblée générale du 7 Juillet 1923)

TITRE PREMIER

Constitution. — Objet. — Conditions d'admission.

ARTICLE PREMIER. — Suivant les termes de la loi du 1er juillet 1901, il est formé entre les Syndicats, Associations et Unions de Syndicats ou Associations qui se rattachent aux industries et commerces de la soie (filage, ouvraison, tissage et annexes, teinture, apprêt, embellissement des tissus, commerce des soies et soieries, etc.), une Fédération.

Le territoire de la Fédération comprend la région dite de « la Soie » et s'étend aux départements suivants : Ain, Saône-et-Loire, Savoie, Haute-Savoie, Isère, Hautes-Alpes, Basses-Alpes, Drôme, Vaucluse, Gard, Ardèche, Haute-Loire, Var, Bouches-du-Rhône, Loire, Rhône, Lozère, Hérault, Alpes-Maritimes, auquel doit être adjointe la place de Paris, centre important de consommation et d'écoulement.

La Fédération prend le titre de : **Fédération de la Soie.**

Sa durée est illimitée. Son siège est fixé à Lyon, 21, rue d'Alsace-Lorraine; il peut être transféré ailleurs par simple décision du Comité administratif.

ARTICLE 2. — La Fédération de la Soie a pour objet de contribuer au développement de l'industrie et du commerce des soies et soieries et à leur puissance de production et d'exportation. Elle se propose notamment :

a) De rénover et d'étendre la production séricicole en France et dans les colonies françaises;

b) D'étudier et de suggérer les mesures législatives propres à favoriser le développement de la sériciculture et du commerce d'exportation;

c) De soutenir et de défendre les intérêts généraux des Syndicats adhérents.

Article 3. — Les Syndicats, Associations ou Unions existant sur le territoire de la Fédération, et qui se rattachent, par quelque objet, à la production ou à la vente du cocon, du fil ou de l'étoffe de soie, peuvent faire partie de la Fédération.

La demande d'adhésion doit être adressée au Comité administratif qui statue par une décision souveraine et non motivée.

TITRE II

**Composition. — Administration. — Budget.
Assemblées générales.**

Article 4. — La Fédération se compose de la réunion des Comités ou Conseils d'administration des Syndicats, Associations ou Unions adhérents.

Article 5. — La Fédération est dirigée par un Comité qui peut comprendre :

a) Le Président de chaque Syndicat, Association ou Union.

b) Un membre par cinquante adhérents ou fraction de cinquante adhérents.

Article 6. — Le Comité de direction nomme, chaque année, son Bureau composé au minimum de : un Président, deux Vice-Présidents, un Trésorier et un Secrétaire. Le vote a lieu au scrutin secret.

Article 7. — Le Comité de direction se réunit, au moins une foispar mois et chaque fois qu'il est nécessaire, sur convocation du Président.

Il doit être obligatoirement réuni, si la demande en est faite par trois au moins des Présidents de Syndicats.

Le Comité exécute les décisions de l'Assemblée générale. Il prépare et administre le budget. Il s'occupe, d'une façon générale, de toutes les questions qui se rapportent à l'objet des présents Statuts.

Article 8. — Chaque Syndicat, Association ou Union, verse à la Fédération, suivant son importance, une cotisation annuelle qui varie de 5o à 5oo francs.

Dans le cas où les dépenses excéderaient les ressources produites par les cotisations, il serait fait appel à chaque Syndicat en proportion de l'importance de son budget propre.

Aucune dépense autre que celles se rapportant au Secrétariat, aux convocations et à la correspondance ne peut être engagée sans une décision de l'Assemblée générale.

Article 9. — L'Assemblée générale ordinaire se réunit obligatoirement chaque année, une fois dans la deuxième quinzaine de mai, une fois dans la première quinzaine de décembre.

Elle est convoquée par le Président du Comité de Direction. La convocation est accompagnée d'un ordre du jour qui doit être adressé huit jours à l'avance à chaque délégué.

Article 10. — Les Assemblées sont présidées par le Président du Comité de Direction.

Celle de décembre arrête le budget général des recettes et des dépenses de la Fédération; celle de juin approuve les comptes qui lui sont présentés par le Comité de Direction. Elles votent toutes résolutions, prennent toutes décisions dont elles auront été saisies soit par le Comité de Direction, soit par une motion présentée au Comité de Direction par l'un des Syndicats adhérents au moins vingt jours à l'avance.

Les décisions des Assemblées générales sont prises à la majorité des membres présents ou représentés par un Pouvoir signé.

En cas de vote, chaque Syndicat, Association ou Union, a droit à une voix au titre d'adhérent à la Fédération, et à autant de voix supplémentaires qu'il compte de fois dix membres ou fraction de dix membres, dans son Comité ou Conseil d'administration. Toutefois, le total des voix de chaque Syndicat, Association ou Union, ne peut, en aucun cas, dépasser le chiffre de cinq.

TITRE III

Modification aux Statuts. — Liquidation.

ARTICLE 11. — Les présents Statuts peuvent être modifiés sur proposition du Comité de Direction ou sur proposition d'au moins trois des Syndicats, Associations ou Unions adhérents, adressée au Comité de Direction qui convoque une Assemblée générale extraordinaire, au plus tard un mois après la réception de la demande.

Les modifications proposées ne sont acquises que si elles obtiennent la majorité absolue des Syndicats représentés, le nombre des voix devant lui même atteindre les deux tiers du nombre de celles dont disposent les Syndicats, Associations ou Unions, faisant partie de la Fédération.

ARTICLE 12. — La dissolution ne peut être demandée et prononcée que dans les conditions et avec le quorum prévu à l'article 11.

La dissolution prononcée, l'Assemblée générale nomme une Commission de neuf membres chargés de procéder à la liquidation de la Fédération.

S'il y a un actif, les sommes qu'il représente doivent être attribuées aux organisations d'apprentissage des industries de la soie, et aux organisations qui servent les intérêts de la sériciculture.

V. — LISTE DES GROUPEMENTS

ADHÉRENTS A LA FÉDÉRATION DE LA SOIE

1° SYNDICATS ET ASSOCIATIONS AGRICOLES

DROME. Comité National pour le Relèvement de la sériciculture, *Valence* (embrassant tous les départements séricicoles, c'est-à-dire : Alpes-Maritimes, Basses-Alpes, Hautes-Alpes, Ardèche, Drôme, Gard, Isère, Lozère, Var, Vaucluse). Président : M. le Dr ASTIER, Vice-Président de l'Office Régional Agricole du Midi, Président de l'Office Agricole de l'Ardèche.

RHONE. Union du Sud-Est des Syndicats Agricoles, *Lyon*.

DROME. Société des Agriculteurs de la Drôme et Comices Agricoles affiliés, *Valence*. Président : M. Jules Roux.

ARDÈCHE. Fédération des Associations Agricoles de l'Ardèche, *Annonay*. Vice-Président délégué : M. Jean DE MONTGOLFIER.
— Société Ardéchoise d'Encouragement à l'Agriculture. Union des Syndicats de l'Ardèche, *Privas*.

BOUCHES-DU-RHONE. Syndicat Professionnel des Graineurs Français, *Marseille*. Délégué général : M. R. LAUGIER.

VAR. Syndicat des Producteurs et Exportateurs de graines de vers à soie, *Vidauban*. Président : M. E. BÉRENGUIER.

2° SYNDICATS COMMERCIAUX

RHONE. Chambre Syndicale des Acheteurs de Soieries, *Lyon*. Président : M. G. TRESCA.
— Chambre Syndicale des Importateurs de Tissus asiatiques, *Lyon*. Président : M. DELAYE.
— Syndicat des Courtiers en soie, *Lyon*. Président : M. Octave TESTENOIRE.

LOIRE. Groupement Stéphanois des Marchands et Représentants de Matières Textiles, *Saint-Etienne*. Président : M. DENEROLLE.

PARIS. Chambre Syndicale de l'Industrie et du Commerce parisien des Soieries et Rubans, *Paris*. Président : M. DECHAUD.
— Chambre Syndicale des Négociants-Commissionnaires et du Commerce Extérieur, *Paris*. Président : M. Georges BERGER.

3° SYNDICATS INDUSTRIELS

ARDÈCHE. Syndicat du Moulinage Français (embrassant les départements de l'Ain, Ardèche, Drôme, Isère, Loire, Haute-Loire, Rhône, Saône-et-Loire, Savoie, Haute-Savoie, Vaucluse). Président : M. A. BÉRENGER.

DROME. Syndicat Général de la Filature de la Soie en France, *Valence*, (embrassant les départements de l'Ardèche, Drôme, Gard, Haute-Loire, Lozère, Vaucluse). Président : M. Léon PAYEN.

RHONE. Syndicat des Fabricants de Soieries de Lyon. Président : M. E. FOUGÈRE.
— Union des Marchands de Soie de Lyon. Président : M. Louis GUERIN.
— Association Syndicale des Teinturiers, Apprêteurs et Imprimeurs d'étoffes, *Lyon*. Président : M. BUNAND.

RHONE. Chambre Syndicale Amicale des Teinturiers et Apprêteurs de Lyon et Banlieue. Président : M. REVERCHON.

— Chambre Syndicale du Tissage Mécanique à façon de
la Région Lyonnaise, *Lyon* (embrassant les départements de l'Isère, Loire, Ardèche, Rhône, Savoie,
Drôme, Haute-Loire, Saône-et-Loire, Ain). Président : M. COUTURIER.

— Chambre Syndicale de la Broderie et de l'Ajourage,
Lyon. Président : M. GELPI.

— Chambre Syndicale Patronale des Dessinateurs en
Nouveautés, *Lyon*. Président : M. PRELLE.

— Chambre Syndicale des Filateurs de schappe et bour-
rette, *Lyon*. Président : M. Alexandre FRANC.

— Chambre Syndicale des Maîtres-Tullistes, *Lyon*.
Président : M. GRISON.

— Chambre Sydicale des Tisseurs de la Croix-Rousse,
Lyon. Président : M. ANSELME.

— Entente des Teinturiers et Apprêteurs de tissus divers,
Lyon. Président : M. ANCEL.

— Entente des Teinturiers et Apprêteurs de Tulles et
Dentelles, *Lyon*. Président : M. L. DRUT.

— Entente des Teinturiers en Flottes couleurs de *Lyon,
Saint-Etienne, Saint-Chamond* et *Saint-Just-sur-
Loire*. Président : M. Pierre MERCIER.

— Groupement Patronal des Imprimeurs à la main sur
étoffes de Lyon et de la Région. Prés. : M. DOLBEAU.

— Syndicat Général de la Passementerie, *Lyon*. Président : M. F. MILLET.

— Union des Liseurs de Dessins, *Lyon*. Président :
M. MOIRET.

— Union des Monteurs et Monteuses de Métiers, *Lyon*.
Président : M. GARCIN.

LOIRE. Chambre Syndicale des Tissus et Matières Textiles,
Saint-Etienne. Président : M. Louis BERNARD.

— Union des Marchands de Soie, Schappes et Coton de
Saint-Etienne. Président : M. TARDY.

LOIRE. Chambre Syndicale des Fabricants de Tissus élasti-
ques, *Saint-Etienne*. Président : M. VILLARD.
— Comité des Maîtres-Teinturiers, *Saint-Etienne*. Prési-
dent : M. ROLLAND ; Délégué : M. CIZERON.
— Chambre Syndicale de la Fabrique Française de Lacets,
Saint-Chamond. Président : M. SUEL.

DROME. Union des Filateurs et des Mouliniers Français,
Valence. Président : M. BLANCHON.

GARD. Syndicat des Filateurs des Cévennes, *Alais*. Président : M. Laurent DE L'ARROUSSET.

Les adhésions des Syndicats parisiens ci-après seront
vraisemblablement acquises très prochainement :

Association des Tissus et Matières Textiles, *Paris*. Président :
M. KEMPF.
Chambre Syndicale de l'Industrie des Soies écrues et teintes,
Paris. Président : M. STETTEN.
Chambre Syndicale du Commerce de la Nouveauté, *Paris*.
Président : M. SCHWAEGERL.
Chambre Syndicale de la Couture Parisienne, *Paris*. Prési-
dent : M. CLEMENT.
Chambre Syndicale des Dentelles et Broderies, *Paris*. Prési-
dent : M. ANGLARD.
Chambre Syndicale des Fabricants de Cravates, Foulards et
Cache-nez en gros. *Paris*. Président : M. DAUTUN.
Chambre Syndicale des Fabricants de Parapluies et Ombrelles,
Paris. Président : M. DELAHAYE.
Chambre Syndicale des Tissus d'Ameublement, Tapisseries et
Tapis, *Paris*. Président : M. BINET.
Chambre Syndicale de l'Industrie et Commerce de la Passe-
menterie pour Dames, *Paris*. Président : M. KEIM.
Chambre Syndicale des Tissus spéciaux à la Couture. *Paris*.
Président : M. KOHN.
Union des Industries du Corset, *Paris*. Présidente :
Mme COULLAUD.

VI. — FÉDÉRATION DE LA SOIE

ASSEMBLÉE GÉNÉRALE DU 7 JUILLET 1923
VALENCE (Salle du Cinéma Pathé)

La séance est ouverte à 15 h. 15.

Présidence de M. Etienne FOUGÈRE, président du Syndicat des Fabricants de Soieries de Lyon, assisté de MM. le Dr ASTIER, président du Comité National pour le relèvement de la Sériciculture, et Louis BERNARD, président de la Chambre Syndicale des Tissus et Matières textiles de Saint-Etienne.

Les Syndicats et Associations ci-après sont représentés :

Comité National pour le relèvement de la Sériciculture, *Valence*.

Union du Sud-Est des Syndicats Agricoles, *Lyon*.

Société des Agriculteurs de la Drôme et Comices Agricoles affiliés, *Valence*.

Fédération des Associations Agricoles de l'Ardèche, *Annonay*.

Société Ardéchoise d'Encouragement à l'Agriculture.

Syndicat Professionnel des Graineurs Français, *Marseille*.

Syndicat des Producteurs et Exportateurs de graines de vers à soie, *Vidauban*.

Chambre Syndicale des Acheteurs de Soieries, *Lyon*.

Chambre Syndicale des Importateurs de Tissus asiatiques, *Lyon*.

Syndicat des Courtiers en Soie, *Lyon*.

Groupement Stéphanois des Marchands et Représentants de Matières textiles, *Saint-Etienne*.

Syndicat du Moulinage Français.

Syndicat Général de la Filature de la Soie en France, *Valence*.

Syndicat des Fabricants de Soieries de Lyon.

Union des Marchands de Soie de Lyon.

Association syndicale des Teinturiers, Apprêteurs et Imprimeurs d'étoffes, *Lyon*.

Chambre Syndicale Amicale des Teinturiers et Apprêteurs, *Lyon et Banlieue*.

Chambre Syndicale du Tissage Mécanique à façon de la Région Lyonnaise, *Lyon*.

Chambre Syndicale Patronale des Dessinateurs en Nouveautés, *Lyon*.

Chambre Syndicale des Maîtres Tullistes, *Lyon*.

Chambre Syndicale des Tisseurs de la Croix-Rousse, *Lyon*.

Entente des Teinturiers et Apprêteurs de Tissus divers, *Lyon*.

Entente des Teinturiers et Apprêteurs de Tulles et Dentelles, *Lyon*.

Entente des Teinturiers en Flottes couleurs de *Lyon*, *Saint-Etienne*, *Saint-Chamond* et *Saint-Just-sur-Loire*.

Syndicat Général de la Passementerie, *Lyon*.

Union des Liseurs de Dessins, *Lyon*.

Union des Monteurs et Monteuses de Métiers, *Lyon*.

Chambre Syndicale des Tissus et Matières Textiles, *Saint-Etienne*.

Union des Marchands de soie, schappes et coton, *Saint-Etienne*.

Chambre Syndicale des Fabricants de tissus élastiques, *Saint-Etienne*.

Comité des Maîtres Teinturiers, *Saint-Etienne*.

Union des Filateurs et des Mouliniers Français, *Valence*.

Syndicat des Filateurs des Cévennes, *Alais*.

APPROBATION DES STATUTS

Après divers échanges de vues entre MM. les Délégués, les Statuts sont approuvés par l'Assemblée générale conformément au texte joint au présent procès-verbal.

En ce qui concerne la représentation des Syndicats et Associations adhérents aux Assemblées générales (article 4 des Statuts), il est précisé que chaque Groupement conserve entièrement le choix des délégués auxquels il donne mandat de le représenter.

Pour la composition du Comité de Direction (art. 5 des Statuts), il demeure entendu que chaque groupement est représenté, en principe, par son Président, auquel seront adjoints plus tard, s'il y a lieu, les délégués supplémentaires prévus par ledit article.

En cas d'empêchement du Président, il doit être suppléé de préférence par un des Vice-Présidents du Groupement.

Enfin, l'Assemblée générale décide que le Comité de Direction sera mobile, et que ses réunions (art. 7 des Statuts) se tiendront dans un des différents centres de production existant sur le territoire de la Fédération, suivant un règlement intérieur à établir par le Comité.

NOMINATION DU BUREAU PROVISOIRE

M. LE PRÉSIDENT fait connaître que, aux termes de l'article 6 des Statuts, il incombe au Comité de Direction de nommer les membres du Bureau. Toutefois, comme il ne semble pas possible de tenir une réunion du Comité à l'issue de l'Assemblée générale, M. LE PRÉSIDENT propose à l'Assemblée de nommer un Bureau provisoire qui dirigera les travaux de la Fédération. Le Bureau définitif sera complété à la prochaine réunion du Comité directeur. Une large place sera faite aux groupements professionnels en tenant compte de la situation géographique.

A titre exceptionnel, M. Etienne FOUGÈRE est définitivement confirmé, par acclamations, dans ses fonctions de président, par l'Assemblée générale. Il remercie en quelques mots MM. les Délégués de la confiance qu'ils veulent bien lui témoigner, et les assure que son activité s'appliquera à développer la Fédération et à réaliser les buts qu'elle s'est fixés.

M. le Président propose enfin comme :

Vice-Président. . . M. le Dr Astier, président du Comité National pour le relèvement de la sériciculture;

Secrétaire . . . M. Gustave Ancel, président de l'Entente des Teinturiers et Apprêteurs, Lyon;

Trésorier . . . M. Louis Bernard, président de la Chambre syndicale des Tissus et Matières textiles de Saint-Etienne.

A l'unanimité, l'Assemblée générale ratifie les propositions de M. le Président. Il est entendu que ces fonctions ne sont que provisoires et ont pour objet de permettre au Président d'avoir des collaborateurs à consulter en cas d'initiatives à prendre avant la constitution du Bureau définitif.

M. le Président fait connaître que le Bureau aura particulièrement à s'occuper de l'entrée dans la Fédération de tous les groupements agricoles, commerciaux et industriels, qui, à un titre quelconque s'occupent de la production et de l'industrie de la soie. Il donne lecture d'une lettre de M. Dechaud, président de la Chambre syndicale de l'industrie et du commerce parisiens des soieries et rubans à Paris, indiquant que onze syndicats parisiens donneront très probablement leur adhésion. La Fédération groupera ainsi cinquante syndicats et associations.

M. le Président ajoute enfin qu'un *Bulletin* dactylographié sera envoyé à tous les groupements adhérents, afin de les tenir au courant des travaux de la Fédération.

DESIDERATA DE LA FÉDÉRATION

M. le Président donne lecture d'une note qui a été remise au Président du Conseil et au Groupe interparlementaire de la Soie, résumant les bases sur lesquelles a été fondée la Fédération. sa composition, son objet et les desiderata qu'elle présente. Ces deux notes, dont le texte est joint au présent procès-verbal, sont approuvées à l'unanimité par l'Assemblée, et celle-ci donne mandat au Comité directeur de faire tout ce qui sera nécessaire pour faire aboutir les vœux qui ont été présentés.

MESURES A PRENDRE POUR LE RELÈVEMENT DE LA SÉRICICULTURE

M. le Président informe l'Assemblée que, à la réunion tenue dans la matinée par le Comité National pour le relèvement de la sériciculture, il a été décidé qu'un plan d'action serait étudié par ce Groupement et présenté à la Fédération pour le mois d'octobre.

Ce plan portera :

1° Sur le concours à solliciter du Gouvernement pour l'amélioration des stations séricicoles, la plantation de pépinières de mûriers nains, l'action à exercer par les préfets et les instituteurs ;

2° Sur l'organisation d'un Office séricicole permanent qui sera dirigé par un technicien compétent, assisté du personnel nécessaire, et qui prendra toutes mesures propres à recenser nos moyens actuels de production, et à en promouvoir de nouveaux.

Le Directeur de l'Office sera, en même temps, Secrétaire général du Comité National.

Le Comité National appuiera son plan de prévisions budgétaires, tant pour ce qui regarde l'action des Pouvoirs publics que pour ce qui se rapporte à l'initiative de la Fédération de la Soie.

Le Comité National deviendra ainsi l'organe d'exécution de la Fédération pour la branche séricicole. Mais la Fédération devra, en retour, lui donner tout le concours financier indispensable, et les Syndicats adhérents seront appelés à y participer comme le prévoit l'article 8 des statuts.

A l'unanimité, l'Assemblée générale ratifie l'engagement pris vis-à-vis du Comité National pour le relèvement de la sériciculture, et décide de lui fournir les moyens matériels nécessaires.

Aucune autre question n'étant à l'ordre du jour et personne ne demandant la parole, la séance est levée à 4 h. 30.

Soc. an. Imp. A. REY, 4, rue Gentil, Lyon. — 88075

www.ingramcontent.com/pod-product-compliance
Lightning Source LLC
LaVergne TN
LVHW051332200726
843510LV00002B/608